FACULTÉ DE DROIT DE PARIS.

THÈSE
POUR LA LICENCE.

L'Acte public sur les matières ci-après sera soutenu,
le vendredi 25 août 1854, à onze heures,

Par Joseph-Marie AMBROSI, né à Castineta (Corse).

Président : M. ORTOLAN, Professeur.

Suffragants :
{ MM. DEMANTE,
  PELLAT, } Professeurs.
  FERRY,
  COLMET DE SANTERRE, } Suppléants.

Le Candidat répondra en outre aux questions qui lui seront faites sur les autres matières de l'enseignement.

PARIS.

VINCHON, FILS ET SUCCESSEUR DE Mme Ve BALLARD,
Imprimeur de la Faculté de Droit,
RUE J.-J. ROUSSEAU, 8.

1854.

JUS ROMANUM.

DE EO QUOD CERTO LOCO.
(D., XIII, 4.)

Is qui certo loco dare promisit, in ullo alio loco quam in quo promisit, invito stipulatore, dare non potest.

Hinc cum usuræ Romæ numerandæ sunt, semper et Romæ numerantur. Sed cum copulative in duobus locis dare promisisti, veluti Ephesi *et* Capuæ, pars Ephesi, pars vero Capuæ dabis: si alternative, sicut Ephesi *vel* Capuæ, electio debitori est, et ipso non solvente, actori datur.

Si tibi vel Titio Romæ dare promisi, et alibi Titio solvi; liberationem me non contigisse, ait Julianus, et ideo quid interest tu peti posse.

Quum in certo loco solvere promissor debet, sic et in ipso tantum stipulator agere; attamen utilis actio actori datur, ut et alibi debitorem condicere possit. Est hæc arbitraria actio, qua creditor alio loco quam ubi debitor degit, petit; habita tamen æstimatione quanti alterutrius interfuit, potius suo loco præstari. Hinc quæ sequuntur.

Venit hæc actio quod stipulatus sum a te, certo loco aliquid dari; inde ad causas stricti juris porrecta, testamentum et mutuum, deficiente directa, competit. Nunquam vero in bonæ fidei judicia, et in ea quo in faciendo consistunt; nam tunc ordinaria actio ex stipulatu sufficit.

Ne plus loco peteret actor, loci, vel si in alterutro solvi convenit, utrius mentio fieri debet.

In hac actione tam rei quam actoris, rationem habebit judex; sic, si culpa tua, cum aliquid, verbi gratia, fisco debebam, res vilissimo distractæ sunt; quod interfuit in hanc arbitrariam venient. Et quoniam in arbitrio judicis, tam propter rei quam actoris utilitatem refertur hæc actio, reum absolvet judex, cum promittit, cautione oblata, ibi pecuniam solvere quo promissam erat.

Denique hæc species despiciemus: si centum Capuæ dari stipulatus, fidejussorem accepisti, et si fidejussor in mora est et per reum stat, quatenus tenetur? Potestne condemnari ad id quod interest, cum pecunia Capuæ soluta non est? Africanus, ab eo tantum sicut a promissore petere, et arbitraria agere posse, scripsit; nam non hæc, obligationi usurarum causa, est comparanda; hic una stipulatio tantum est, et ejus æstimatio arbitrio judicis committitur.

DE CESSIONE BONORUM.

(D., XLII, 2.)

In priscis Romæ temporibus, cum fera, sicuti mores, lex erat, creditor, reo non solvente, manum injiciebat, et in carcerem duci jubebat. Postea vero, lenescentibus moribus, cum hæc in desuetudinem atrox abiit lex, prætor rei in possessionem bonorum creditores mittebat; debitor capite minuebatur, et infame nomen ejus erat.

Lex Julia, ut judicatus et confessus ignominiam vitaret, bonorum cessionis beneficium concessit. Hoc lamentabile auxilium, in favore civium introductum, ad provincias porrectum est.

Ut bonis cedere debitor possit, aut condemnetur, aut confiteatur necesse est. Et contra Gratianum, Justinianus omnes debitores ad hoc beneficium amitti constituit; etiam filiusfamilias sive peculium, sive nihil habeant. Sed qui municipales honores gerunt, propter munus cessionem amitti non convenit. Hoc invidiosum visum est; sed his obnoxios, pro modo substantiæ, fungi.

Bonis cedi, et in jure et extra jus potest debitor, sive per nuntium, sive per epistolam, et voluntatis sola professione, ut Theodosus scripsit.

Creditores bonorum non dominium consequuntur, nec inter se dividere ea bona permissum est (nisi in solutum illis debitor dedit), sed duntaxat distrahere, ut ex pretio ipsis satisfiant. Hinc, usque ad bonorum venditionem, debitor hærus est, et se defendere potest, bonaque recuperare, si quantitatem inferre, parats est.

Hoc beneficio, in carcerem ob decoctionem, reus non detrahitur; et si postea quid acquisierit, in quantum facere potest, tantum convenitur: attamen si misericordia, quotidiana alimenta vel modicus ususfructus ei legatus est, ut non alimentis fraudatur, ea bona rursus non venumdantur.

Sed si amplius quam quod ei opus est, acquisierit, ea bona detrahuntur, donec creditores suum consequantur; et hanc exceptionem non tantum adversus eos quibus bonis cessit, sed etiam posterioribus debitoribus, lex Julia dat.

Justinianus denique, Novella constituit debitorem ad egestatem reductus ob ignominiam bonis non cedere, cum jurejurando firmat se solvendum non esse: tum creditores bona ejus si qua fuerint occupantur et debitoris debitores conveniuntur.

DE NOVATIONIBUS.
(D., XLVI, 2.)

Primus dissolvendæ obligationis modus, est novatio : novatio autem sic a novo vocata, prioris debiti est in aliam obligationem vel civilem, vel naturalem transfusio atque translatio.

Omnes obligationes novari possunt; nec interest an naturales, civiles, honorariæ, aut re, verbis, consensuque contractæ, præcesserit; quælibet sint, verbis novari possunt. Omnes quoque res, in novationem transire possunt, cum hoc animo agimus, ut novetur obligatio; sed si non hoc agatur duæ erunt obligationes. Nec solum quæ pura est obligatio, sed etiam in diem novatur; nam ex nunc constat. Sed, si sub conditione, cum exstiterit conditio, tantum novabis et parum refert novata obligatio, tempore præcedat; sufficit ut ratione prior sit.

Obligatio per stipulationem facta animo novandæ prioris, priorem novat; et esse non potest, nisi duobus obligationibus quarum priore sublata, altera subest : sic, si posterior inutilis est, nulla erit tibi actio, quia prima, novatione abiit; hoc fit, cum a pupillo sine auctoritate tutoris stipulatus est; non idem a servo; nam per servum novatio non fit, sicuti et per peregrinum, quia stipulatio civilis modus contrahendi est.

Mora per novationem purgatur etiamsi conditionalis obligatio postea non impleatur, si promissor tunc rei offerendæ haberet copiam, vel si ad novandam prioris stipulationis moram intercesserit stipulatio.

Novare potest qui solutionem accipiendi jus habet; hinc omnium bonorum administrator; sed non adjectus solutionis gratia. Hinc pupillus sine auctoritate tutoris novare non posse, nec hi qui in nostra potestate sunt, citra voluntatem nostram, nisi administratio peculii, permissa sit. Ita quæritur, si duo rei stipulandi sint, alter jus novandi habeat, cum ei recte solvatur. Et recte novare responsum est : ex hoc, unusquisque sibi acquirit, ac si solus stipulatus esset.

Novatio fit per utilem stipulationem; et una, plures novantur, si tandem copulative expressæ sint. Tribus modis novatio fit : interventu novæ personæ quæ debet vel cui debetur, aliquid novi adjunctione.

Sine animo novandi, novatio non esse, jam dixi, inde pœnales stipulationes novationem non inducunt. Sed hoc stricte intelligendum est. Sic cum dixi : *navem facere spondes? si navem non fecerit, centum dare promittis?* Sequens stipulatio priorem non tollit. Ex hoc Justinianus constituit, novationem non fieri, nisi hoc expresserint contrahentes; et cum hoc expresserint, nihil causæ stipulationis errorem nocere.

Ex his apparet : novatione, priorem obligationem exstingui et nihil superesse; accessoria perimuntur, cautiones liberantur, pereunt usuræ moraque, pignus et hypothecæ liberantur.

DE DELEGATIONE.

Delegatio est novationis species, qua nova persona debitum suscipit. Fit, vel per stipulationem, vel per litis contestationem; delegat ille qui vice sua alium debitorem creditori dat. Hoc fit delegantis solo consensu; ex parte delegati, et ejus cui fit delegatio stipulationem requiritur. Ex delegatione, qui delegavit a creditore liberatur; delegatus si delegantis debitor est, liberatur; delegatus, stipulatori obligatur.

Qui muliere circumventus, false existimans se debitorem, dotem promisit, obligatur. Non licet enim delegato de dolo delegantis, adversus stipulantem excipere.

Fit delegatio per litis contestationem cum mandatarius meus

litem cum debitore contestatus est. Nam is, non mihi sed procuratori debet.

DE LITTERARUM OBLIGATIONIBUS.
(Gaii Inst., § 128-134.)

Ut olim in institutionibus vidimus re, verbis, consensu et litteris, contrahitur obligatio. Litteris vero fit nominibus transcriptitiis, id est domesticis tabellis in quibus paterfamilias et debita et credita consignabat.

Duplici modo fiebant nomina transcriptitia; vel a re in personam, vel a persona in personam : a re in personam, cum prisca obligatio in litteralem ferebatur; scilicet, cum quid mihi emptionis causa debes, id expensum tulero; a persona in personam, cum Titius te mihi delegans, quod mihi debet tibi tulero.

His transcriptitiis nominibus an ne obligantur peregrini, quæritur; et Sabinus respondet : Si a re in personam, utique; si a persona in personam, non obligari.

Nomina transcriptitia, arcariis nominibus longe distant. Nam in his re non litteris obligatio consistit; et pecunia numerata, tantum obligatio valet. Sic arcariis nominibus jure gentium obligationis genus, et peregrini obligantur; nam re non consensu, fit obligatio.

Sed Justiniano regnante, chyrographis et syngraphis tantum obligatio litterarum fit; cum quis, nulla stipulatione interposita, se quid daturum scripsit. Hoc genus obligationis peregrinis proprium est.

DE LITIS CONTESTATIONE.

Tollitur et obligatio litis contestatione; si legitimo judicio fit actum. Tunc prior dissolvitur obligatio, et reus litis contestatione tenetur. Si postea condemnatus est et judicio tenetur. Unde hæc : ante litem dare debitorem; post litem condemnare, post condemnationem judicatum facere oportet. Sed post condemnationem tantum quod judex decrevit, actor petat.

POSITIONES.

I. Quid si quis in duobus locis solvere promisit, interestne an copulative an alternative hæc loca adjecta sint? — Interest.

II. An in bonæ fidei judiciis actio arbitraria sit necessaria? — Non.

III. Num quis bonis cessit, bonis statim caret? — Non caret.

IV. An servus, etiam si promittendo naturaliter teneatur novare potest? — Non; sed pupillus potest.

V. An obligatio quæ tempore non præcedat eam per quam novatur, novari possit? — Potest.

VI. Adjectusne solutionis gratia novare possit cum recte solutionem accipere valeat? — Non potest.

VII. Debitor in mora constitutus purgatne meram quum novandi animo stipulatur? — Purgat.

VIII. Cum jussero debitorem meum creditori meo solvere an intelligatur eum delegasse? — Non.

IX. An novatio per stipulationem pœnalem fit? — Non fit.

X. An per syngraphas et chirographa, obligatio litteris fieret? — Utique fit.

DROIT FRANÇAIS.

DU PAYEMENT.
(Chap. v, sect. i.)

De tous les modes d'extinction des obligations, le plus naturel, celui qui atteint le plus directement la volonté des parties, c'est le payement. Car payer n'est pas seulement, comme on l'entend dans le monde, se libérer en livrant une somme d'argent; payer, c'est exécuter ce à quoi on est tenu ; c'est donner ce qu'on a promis de donner, c'est faire ce qu'on a promis de faire. Dès lors, on voit que si je remets à mon créancier une somme d'argent à la place d'un cheval que je lui devais, je n'aurai pas fait un payement dans le sens du Code, mais une *datio in solutum* ; c'est-à-dire, que j'aurai livré à mon créancier et avec son consentement une chose pour une autre.

Puisque toute dette exige un payement, le Code en conclut que tout payement suppose une dette. En effet, si je vous ai livré une chose à titre de payement, c'est qu'apparemment je me croyais votre débiteur, et vous ne serez pas fondé à dire que j'ai voulu vous faire une donation. J'ai payé parce que je croyais devoir; mais si je ne devais rien, si j'ai payé indûment, j'aurai un recours contre vous, *quanti locupletior factus es*, parce que vous ne devez pas profiter de mon erreur, et vous enrichir à mon détriment ; et peu importe que je susse que je ne vous devais rien ; la distinction faite en droit romain n'est pas admise chez nous : seulement dans ce cas, et contrairement au droit commun, ce ne sera plus au créancier mais à moi, présumé débiteur, à prouver que je ne devais rien.

Le Code a cependant porté une exception à cette règle : la répétition n'est pas admise à l'égard des obligations naturelles qui ont été volontairement acquittées. Ainsi, pour que la chose puisse être répétée, il faut qu'elle ne soit l'objet ni d'une obligation civile ni d'une obligation naturelle. Mais qu'est-ce qu'une obligation naturelle ? Il ne s'agit pas ici de ces obligations purement morales qui échappent à la justice des hommes et ne sont que du ressort de la conscience. Les obligations naturelles dont parle le Code sont des obligations civiles qui, se trouvant sous le coup d'une présomption légale d'inexistence ou d'invalidité, ne sont pas munies d'une action. Telles sont les obligations contractées par des interdits. La loi les croit incapables de s'obliger raisonnablement et frappe de nullité tous leurs actes. Mais si, une fois que l'interdit a reçu mainlevée de son interdiction, il exécute *volontairement*, c'est-à-dire librement et sachant bien qu'il n'était pas tenu, son engagement, comme le meilleur juge de son intelligence c'est lui-même, la loi conclut que sa présomption a porté à faux et le repousse, si plus tard il veut, excipant de son incapacité, attaquer cette même exécution.

Qui peut payer ? — Si l'on en excepte les obligations de faire contractées *intuitu personæ*, et qui ne peuvent pas être acquittées par un tiers quand le créancier a intérêt que le débiteur les remplisse lui-même, on peut dire que toute personne peut payer une dette. Ainsi une dette pourra être payée non-seulement par le débiteur, mais encore par la caution ou un coobligé qui sera subrogé de plein droit à tous les priviléges du créancier, et même par un tiers, pourvu qu'il n'exige pas la subrogation à son profit. Ainsi, quand un tiers veut payer au nom du débiteur, ou même en son propre nom, sans exiger de subrogation, le créancier ne pourra pas refuser de recevoir le payement, et, s'il refuse, le tiers fera valablement les offres réelles, et la dette sera éteinte ; mais si le tiers réclame la subrogation à son profit, il agit dans un but intéressé, et veut peut-être, dans une mauvaise pensée, devenir le créancier du débiteur. Aussi le possesseur de la créance peut-il le repousser en lui disant : « Ce que vous me demandez n'est pas la libération de mon débiteur ; vous voulez hypocritement, sous le nom de payement, acheter ma créance ; je refuse de vous la vendre, car je ne suis obligé de vendre mon bien qu'autant que l'intérêt public le réclame. »

Ici se présente une question : le tiers, qui peut payer malgré le créancier a-t-il un recours contre le débiteur, si celui-ci s'est opposé au payement ? Je réponds oui, sauf au débiteur à opposer au nouveau créancier toutes les exceptions qu'il aurait pu opposer à l'ancien.

Pour que le payement soit valable, il faut qu'il soit fait par une personne capable d'aliéner et propriétaire de la chose donnée en payement. On a critiqué cette disposition. Puisque chez nous, a-t-on dit, la propriété est transférée par le seul consentement, au moment de la délivrance, le vendeur n'est plus propriétaire de la chose qu'il livre ; dès lors, la règle formulée par le Code n'est pas exacte.

Je crois que c'est pousser la subtilité un peu trop loin. La pensée du Code, au contraire, est évidente. Pour payer valablement, dit-il, il faut être propriétaire de la chose qu'on a promis de donner et que l'on donne en payement. Mais si on livrait la chose d'autrui, le payement pourrait être attaqué : 1° par le propriétaire de la chose ; 2° par le débiteur, si la chose n'a pas été consommée de bonne foi ; 3° enfin par le créancier, qui pourra réclamer un nouveau payement en rendant la chose reçue, et cela même quand il serait à l'abri de toute éviction en vertu de la loi : *En fait de meubles*, etc.

A qui faut-il payer ? Le payement doit être fait au créancier capable d'aliéner ; car, recevoir un payement, c'est aliéner sa créance. Si donc il avait été fait à un mineur, celui-ci pourrait en demander un nouveau, à moins qu'il ne l'eût ratifié après sa majorité, ou que la chose n'eût tourné à son profit.

Le payement fait entre les mains du créancier au préjudice d'une saisie-arrêt ou d'une opposition, n'est pas valable à l'égard du créancier saisissant, qui peut forcer le tiers saisi à payer de nouveau sauf le recours de celui-ci contre son créancier ; et, quoique la somme dont le tiers saisi est débiteur soit plus forte que celle que son créancier doit au saisissant, il fera bien de ne pas payer l'excédant avant l'échéance, car il pourrait se trouver exposé aux poursuites du premier saisissant, si d'autres créanciers privilégiés faisaient à leur tour saisie-arrêt entre ses mains.

Le payement peut être fait au mandataire réel et régulier du créancier ; à l'*adjectus solutionis gratia* ; à celui qui est autorisé par justice ou par la loi ; enfin à toute personne, pourvu que le créancier le ratifie ou en ait profité.

Le payement est valable enfin quand il est fait de bonne foi au possesseur de la créance, c'est-à-dire à celui qui a ostensiblement la qualité de créancier ; tel est l'héritier apparent du créancier décédé. Mais celui-là n'est pas créancier apparent qui ne détient que le titre de la créance ; c'est à lui à prouver s'il est héritier ou cessionnaire, excepté néanmoins quand le titre est payable au porteur.

Quelle chose doit-on payer ? La chose due. Le créancier ne peut être forcé à recevoir une autre chose, quand même elle serait d'une valeur supérieure, et, s'il la reçoit, il n'y a pas payement, mais dation en payement. Cependant le créancier sera obligé de recevoir une chose pour une autre quand cette faculté est accordée au débiteur, soit par la loi, soit par le contrat.

Si l'obligation a pour objet un corps certain déterminé, le débiteur doit le livrer dans l'état où il se trouve, et il n'est tenu des dommages-intérêts qu'autant que la chose a été détériorée par son fait, ou qu'il a été mis en demeure. Si la chose n'est déterminée que par son espèce, le débiteur ne sera pas tenu de la donner de la meilleure espèce ; mais il ne pourra l'offrir de la plus mauvaise. Si la dette a pour objet une somme d'argent, le payement doit être fait en espèces, d'après leur valeur nominale, au jour du payement.

En principe, le créancier ne peut être forcé à recevoir des payements partiels, qui ont tant d'inconvénients dans la pratique ; mais quelles que soient les dispositions de la loi et la volonté des parties, il y aura nécessairement plusieurs payements : 1° quand le débiteur décédé a laissé plusieurs héritiers ; 2° quand une des cautions est poursuivie et qu'elle demande le bénéfice de division ; 3° quand le juge, prenant en considération les malheurs et la bonne foi du débiteur, lui accorde des délais. L'art. 124 du Code de procédure énumère les cas dans lesquels on ne peut accorder aucun délai au débiteur.

Si le créancier est muni d'un titre exécutoire, les juges peuvent-ils accorder des délais ? Quels que soient les arguments d'humanité qu'on invoque pour l'affirmative, je crois qu'en présence de l'art. 122 du Code de procédure, il faut répondre non : *Dura lex, sed lex*.

Où doit-on payer? Dans le lieu désigné par la convention, et à défaut de convention, et s'il s'agit d'un corps certain dans le lieu où la chose se trouvait lors du contrat. Hors ces deux cas, le payement se fera toujours au domicile du débiteur.

Disons enfin, pour terminer, que les frais de délivrance sont à la charge du débiteur; ceux d'enlèvement, à la charge du créancier.

DU PAYEMENT AVEC SUBROGATION.

Nous avons vu que la caution qui paye la dette est *subrogée* de plein droit aux priviléges du créancier; qu'est-ce donc que la subrogation? telle est la question que nous devons nous poser en abordant cette matière; question très-controversée, et qui partage tous les interprètes de nos lois. Ici, j'ai besoin de le dire, en présence des graves autorités que je trouve pour et contre, je garderais volontiers le silence, si ce n'était un devoir pour moi d'examiner toutes les questions que je rencontre sur mon chemin, surtout quand elles tiennent si intimement à mon sujet. Exposons donc d'abord les deux systèmes, je choisirai ensuite.

La subrogation, selon les uns, est un payement fictif qui éteint la dette vis-à-vis du créancier, et la laisse subsister au profit du tiers qui l'a payée. La subrogation, selon les autres, est l'attribution à une nouvelle créance de toutes les garanties attachées à la créance antérieure. Ainsi, si nous adoptons le premier système, nous dirons que la subrogation n'éteint pas la dette, et qu'elle n'a pour effet que de substituer un nouveau créancier à l'ancien; si nous nous prononçons pour le second, nous dirons que la subrogation est la substitution d'une nouvelle dette à l'ancienne, qui est éteinte. Et certes ce n'est pas là une pure question de mots; s'il n'y a pas extinction de créance, la subrogation transporte sur le subrogé la créance elle-même avec tous ses accessoires; de sorte que celui-ci aura à son choix deux actions : celle du créancier primitif et celle qui est née dans sa personne. Si la subrogation, au contraire, éteint la créance, le subrogé n'aura qu'une seule action, celle qui est née du prêt qu'il a fait; seulement elle sera entourée de toutes les garanties de la créance ancienne. J'avoue que le premier système me paraît plus logique, car on ne comprend pas comment l'extinction de la créance n'entraîne pas l'extinction de tous ses accessoires. Il a même plus d'effets pratiques, puisqu'il entoure le subrogé de plus de garanties. Je crois néanmoins que le second a été celui des rédacteurs de notre Code; n'ont-ils pas, en effet, placé la subrogation comme un mode d'extinction des obligations? Or comment une créance éteinte pourrait-elle passer au subrogé? C'est donc bien une nouvelle créance qui est née dans sa personne ; seulement la loi, par sa volonté souveraine, et pour faciliter l'extinction des obligations, attache à la nouvelle créance tous les priviléges et hypothèques attachés à la créance primitive.

Nos adversaires considèrent la subrogation comme une cession de créance; mais, en vérité, leurs effets sont si différents qu'il est impossible de les assimiler. Ainsi le subrogeant, qui a cédé une partie de sa créance, conserve un privilége pour le reste, et passe avant le subrogé; tandis que le cessionnaire vient en concurrence avec le cédant. Le subrogeant n'est jamais garant de l'existence de la créance; le cédant l'est toujours. Le débiteur doit payer toute sa dette au cessionnaire, il ne doit rembourser au subrogé que ses déboursés. La loi défend au tuteur de devenir cessionnaire. Il peut très-bien être subrogé dans une créance contre son pupille.

La subrogation est conventionnelle ou légale ; elle est conventionnelle : 1° quand elle est consentie par un créancier en faveur d'un tiers qui les paye. Deux conditions sont nécessaires à son existence : elle doit être expresse, c'est-à-dire ressortir clairement de l'acte, et être faite en même temps que le payement; aucune convention postérieure, en effet, ne pourrait faire revivre une dette éteinte. Il faudra donc que la subrogation soit mentionnée dans la quittance, et que cette quittance ait date certaine. 2° Quand la subrogation est consentie par le débiteur, sans le concours de son créancier, en faveur d'un tiers qui lui prête une somme pour payer sa dette. Il faut, pour que la subrogation soit valable, que l'acte d'emprunt et la quittance soient passés devant notaires ; que, dans l'acte d'emprunt, il soit déclaré que la somme est empruntée pour payer la dette, et que la quittance exprime que la dette a été payée avec les deniers prêtés. Lorsque l'acte d'emprunt et le payement s'effectuent en même temps devant le notaire, un seul acte suffit. Cette authenticité exigée par la loi prévient les subrogations frauduleuses, elle empêche que le débiteur ne fasse revivre par une collusion rétrospective avec son ancien créancier des hypothèques éteintes, et cela pour favoriser un simple créancier chirographaire qui serait primé par d'autres.

Si la loi avait admis de plein droit la subrogation en faveur de toute personne qui payerait la dette, elle aurait fourni aux ennemis du débiteur un moyen de devenir ses créanciers et de le poursuivre de leur ressentiment. Aussi n'a-t-elle admis la subrogation de plein droit que dans quatre cas, qui se justifient par des considérations d'équité tirées de la situation de celui qui paye.

La subrogation légale a lieu :

1° Au profit de celui qui, étant lui-même créancier, paye un autre créancier qui lui était préférable à raison de ses priviléges et hypothèques. Le créancier qui vient en dernier lieu a intérêt à désintéresser ceux qui le priment, soit pour ajourner à un temps plus opportun la vente des biens du débiteur, soit pour qu'il y ait moins de frais pour arriver à la vente de ces mêmes biens. On sait, d'ailleurs, que plus il y a de créanciers, plus la liquidation sera compliquée.

2° Au profit de l'acquéreur d'un immeuble qui emploie le prix de son acquisition au payement des créanciers auxquels cet héritage est hypothéqué. — Au premier abord, il semble qu'il n'a aucun besoin de subrogation : puisqu'il a désintéressé les créanciers de son vendeur, dira-t-on, il n'a nullement besoin de leurs hypothèques, car l'immeuble lui appartient. Cela est vrai si tous les créanciers ont été désintéressés; mais si le prix de l'immeuble a été à peine suffisant pour payer les premiers inscrits, et que les autres provoquent l'expropriation, l'acquéreur exercera les droits des premiers inscrits auxquels il a été subrogé.

3° Au profit de celui qui, étant tenu avec d'autres ou pour d'autres au payement de la dette, avait intérêt à la payer.

4° Au profit de l'héritier bénéficiaire, qui a payé de ses deniers les dettes de la succession. Plus il y a de créanciers, plus la liquidation d'une succession est compliquée; donc, en écartant le plus grand nombre de créanciers qu'il peut, l'héritier agit autant dans son propre intérêt que dans l'intérêt de tous les créanciers qui restent : il est donc juste qu'il soit subrogé aux droits des créanciers qu'il a désintéressés.

IMPUTATION DES PAYEMENTS.

Lorsque le débiteur est tenu envers la même personne de plusieurs dettes ayant toutes le même objet, et qu'il ne paye qu'une partie de la somme totale, il importe de savoir laquelle de ses dettes il a voulu éteindre. Cette indication s'appelle imputation. Le droit de faire cette imputation appartient au débiteur. Après lui, ce droit passe au créancier ; et, à défaut de l'un et de l'autre, la loi le fait elle-même, d'après des présomptions tirées de la volonté des parties ou de la nature des dettes.

L'imputation, avons-nous dit, appartient au débiteur, sauf les restrictions indiquées par le législateur. Ainsi, le débiteur ne peut pas imputer le payement sur une dette qui dépasserait la somme offerte ; car le créancier n'est pas obligé de recevoir un payement partiel : il ne peut pas payer avant l'échéance si la dette est à terme, et que le terme ait été stipulé en faveur du créancier. Il ne peut pas, enfin, quand la dette porte intérêts, imputer le payement qu'il fait sur le capital par préférence aux arrérages et intérêts, et si le créancier donnait quittance du capital sans faire réserve des intérêts, ils seraient présumés lui avoir été payés.

Lorsque le débiteur ne fait pas l'imputation, elle pourra être faite par le créancier, et son indication sera toujours valable, à moins qu'il n'y ait dol ou surprise de sa part. Enfin, à défaut d'imputation faite par le débiteur ou le créancier, la loi la fait elle-même. Quand une dette est échue, dit-elle, et que l'autre ne l'est pas, c'est sur celle qui est échue que s'impute le payement. Si toutes les dettes sont échues, c'est la plus onéreuse qu'on sera censé avoir voulu payer. Si les dettes sont d'égale nature, l'imputation se fait sur la plus ancienne, c'est-à-dire, sur celle qui est échue depuis plus longtemps, ou sur celle qui est le plus près d'échoir, si elles ne sont pas encore échues. Enfin, toutes choses égales, l'imputation se fait proportionnellement.

OFFRES ET CONSIGNATIONS.

Le payement fait cesser le cours des intérêts, et met la chose aux risques du créancier ; le débiteur a donc un grand intérêt à se libérer. La loi ne pouvait le laisser exposé à la mauvaise volonté d'un créancier entêté, qui aurait pu, par son refus, retarder indéfiniment la libération du débiteur. Elle lui a donné un moyen de se libérer, nonobstant la résistance du créancier : c'est la consignation précédée des offres réelles de la chose due. Offres réelles, signifient ici offres matérielles, offres accompagnées de l'exhibition de la chose. Si elles n'étaient que labiales, les offres ne seraient pas valables.

Notre paragraphe contient les règles ou plutôt la procédure à suivre pour la consignation de la chose due, selon qu'elle est une somme d'argent ou un corps certain ; voyons d'abord à quelles conditions est subordonnée la validité des offres.

Les offres réelles doivent être faites : 1° au créancier capable de recevoir ou à celui qui a pouvoir de recevoir pour lui ; 2° qu'elles soient faites par une personne capable de payer ; 3° qu'elles soient de toute la somme exigible, arrérages, intérêts, frais liquidés ou non liquidés; 4° que le terme soit échu, s'il a été stipulé en faveur du créancier ; 5° que la condition sous laquelle la dette a été contractée soit arrivée ; 6° que les offres soient faites au lieu convenu pour le payement, et à défaut de conventions, à la personne du créancier ou à son domicile; 7° qu'elles soient faites par un officier ministériel, ou ayant caractère pour ces sortes d'actes.

Nous avons déjà vu la raison de toutes ces dispositions, nous nous contentons donc de les énumérer, sans en faire aucun commentaire ; voyons maintenant quelles sont les conditions nécessaires à la validité de la consignation.

Contrairement à la jurisprudence du Châtelet, le Code déclare que la consignation n'a pas besoin d'être autorisée par le juge, il suffit : 1° qu'elle ait été précédée d'une sommation signifiée au créancier, et contenant l'indication du jour, de l'heure et du lieu où la chose offerte sera déposée; 2° que le débiteur se soit dessaisi de la chose offerte en la remettant dans le dépôt indiqué par la loi, avec les intérêts jusqu'au jour du dépôt ; 3° qu'il y ait procès-verbal dressé par l'officier ministériel, de la nature des espèces offertes, du refus du créancier, de sa non-comparution et du dépôt ; 4° que le procès-verbal soit signifié au créancier, s'il n'était présent au dépôt, et qu'on lui fasse sommation de retirer la chose déposée.

Les frais des offres et consignations seront supportés par le créancier, puisque c'est lui qui les a rendus nécessaires par son refus obstiné. Il faut cependant en excepter ceux que la loi met à la charge du débiteur.

Les offres et la consignation, quand elles sont valablement faites, libèrent le débiteur, mais sa libération ne date que du jour de la consignation. On soutient cependant le contraire, on se fonde sur l'art. 816 de procédure, dans lequel il est dit que les intérêts cessent du jour de la réalisation, quand les offres ont été valables; mais cette opinion me semble inadmissible, d'abord les articles 1257 et 1259 font voir assez clairement que la libération ne date que du jour de la consignation ; ensuite que signifie ce mot *réalisation* que nous trouvons dans l'art. 816, sinon offres réalisées ou déposées. Ainsi le débiteur devra les intérêts jusqu'au jour de la consignation. Cependant il ne faut pas croire qu'à partir du dépôt le débiteur soit complétement libéré ; il n'est qu'en voie de le devenir. Il est bien vrai qu'à partir de ce jour il est à l'abri des poursuites du créancier, les intérêts cessent de courir, et la chose offerte est aux risques et périls du créancier; mais le débiteur reste toujours propriétaire de la chose consignée, et cela est si vrai, qu'il peut la retirer, et alors les choses seront remises au même état qu'auparavant.

Ainsi le débiteur ne sera complétement libéré que par l'acceptation du créancier des choses déposées ou par un jugement passé en force de chose jugée, qui déclare la consignation bonne et valable. A partir de ce jour tout est consommé, la dette est éteinte, les hypothèques sont effacées, les cautions sont libérées, et le consentement des parties elles-mêmes ne peut plus faire revivre l'ancienne dette.

Quand l'objet de la dette est un corps certain, la théorie que nous venons d'indiquer n'est plus possible, car il eût été ridicule et trop dispendieux de faire voiturer ces choses jusqu'au domicile du créancier ; aussi la loi a-t-elle tracé une procédure beaucoup plus simple. Il faut, dit-elle, faire sommation au créancier de venir prendre délivrance de la chose, là où elle doit avoir lieu ; et si le créancier n'enlève pas la chose offerte, le débiteur se fera autoriser par justice à la déposer dans un autre lieu.

Quand la dette consiste en une chose indéterminée, autre qu'une somme d'argent, comme tant de mesures de blé, tant de tonneaux de vin, quelle procédure suivrons-nous pour arriver à la consignation ? Faudra-t-il appliquer les règles qui régissent les dettes d'argent ou celles indiquées dans l'art. 1264 pour les corps certains ? Le Code est muet à cet égard, cependant je crois qu'il faut les assimiler aux dettes de corps certains. En effet, bien que certaines expressions employées par le texte fournissent un argument contraire, je crois que le système opposé mènerait à des difficultés telles, qu'il serait impossible au débiteur de profiter du droit que la loi lui accorde de faire la consignation. On invoque l'art. 812 de procédure qui ne prouve rien, on invoque l'art. 1257, où il est dit que le débiteur doit présenter les *choses ou les sommes* qu'il doit, et sur ce seul mot on construit tout un système. Mais tout en suivant le texte de la loi, il faut lui accorder un sens rationnel ; et d'autre part il ne faut pas prendre isolément cet art. 1257, il faut le compléter par tous les articles subséquents. Or, il résulte de l'ensemble des dispositions que la loi a rangé pour la consignation toutes les dettes en deux classes : celles qui ont pour objet une somme d'argent, et celles qui ont pour objet une toute autre chose.

DE LA CESSION DE BIENS.

La cession de biens est l'abandon que le débiteur fait de tous ses biens à ses créanciers ; la loi ajoute : lorsqu'il est hors d'état de payer ses dettes. Cette condition n'est pas applicable à la cession volontaire qui peut avoir lieu entre les parties aux conditions qu'elles veulent bien lui accorder.

La cession de biens est volontaire ou judiciaire.

La cession volontaire est celle qui est proposée par le débiteur à ses créanciers, et acceptée par eux. Elle produit les effets que les parties déterminent elles-mêmes.

La cession judiciaire est celle que le débiteur impose à ses créanciers lorsqu'ils refusent de l'accepter ; mais cinq conditions sont nécessaires pour que le débiteur puisse invoquer ce bénéfice ; il faut : 1° qu'il soit hors d'état de payer ses dettes ; 2° qu'il offre l'abandon de tous ses biens ; 3° qu'il soit malheureux ; 4° qu'il soit de bonne foi ; 5° qu'il soit contraignable par corps. Ce sera au débiteur à prouver que son insolvabilité résulte d'événements malheureux, et si ses créanciers prétendent qu'il est de mauvaise foi, ce sera à eux à l'établir.

Quand le débiteur réunit toutes ces conditions, il pourra imposer la cession à ses créanciers. L'effet de cette cession est de garantir la liberté du débiteur, et celui-ci ne pourrait, même en contractant, renoncer à ce bénéfice, car la liberté est une chose sainte que nos lois libérales ont placée en dehors de toutes les conventions.

La cession judiciaire ne confère point aux créanciers la propriété des biens du débiteur ; ceux-ci n'ont que le droit de les faire vendre suivant les règles prescrites par l'art. 904 C. pr., et sans passer par tous les détours ruineux de la chicane. Si le prix qui en provient est supérieur aux créances, l'excédant revient au débiteur, qui, dans ce cas, est complétement libéré. S'il est inférieur, le débiteur reste obligé pour le surplus, et, s'il acquiert de nouveaux biens, les créanciers auront le droit de les faire vendre pour s'en partager les deniers. Notre loi, plus inhumaine que le droit romain, n'a pas accordé au débiteur le *bénéfice de compétence*.

DE LA NOVATION.

La novation est l'extinction d'une dette par une autre dette ; c'est une convention tout à la fois extinctive et productive d'obligations, car celle qu'elle engendre prend la place de celle qu'elle éteint.

La novation peut s'opérer de trois manières, qui consistent dans le changement d'un des trois éléments essentiels à toute dette : 1º changement d'objet : une chose sera due à la place de l'ancienne ; il faut le consentement du débiteur et du créancier ; 2º changement de débiteur : un tiers s'engage à payer sa dette ; il faut que le créancier consente à l'arrangement, mais le concours du débiteur n'est pas nécessaire, car on peut payer les dettes d'autrui sans le consentement et même malgré l'opposition du débiteur ; 3º changement de créancier : le créancier libère le débiteur quand celui-ci s'engage envers une autre personne qu'il lui désigne. Il faut ici le concours de trois personnes : de l'ancien créancier qui renonce à sa créance, du débiteur qui contracte une dette nouvelle, du nouveau créancier qui accepte l'engagement. Il existe encore un quatrième mode, c'est la novation par changement de cause ; le Code n'en a pas parlé, parce qu'elle se présente rarement dans la pratique.

Tous ces modes peuvent se trouver réunis dans la même novation, quand l'obligation nouvelle contient le changement du créancier, du débiteur et de la cause.

Gardons-nous de croire cependant que de simples modifications apportées à la dette suffisent pour opérer novation et la transformer en une dette nouvelle; ainsi qu'on stipule une hypothèque pour garantir une créance chirographaire, il n'y a pas novation; c'est toujours la même dette qui subsiste, seulement elle est mieux garantie. Mais si les parties, en opérant ces changements, déclarent expressément leur intention de nover, comme leur volonté fait loi, la dette sera changée quant à sa cause, et une dette nouvelle la remplacera.

Le simple mandat donné par le créancier de recevoir en son nom, ou par le débiteur de payer pour lui, ne constitue pas non plus une novation.

La novation ne se présume jamais : parce qu'un créancier et un débiteur ont contracté une nouvelle obligation, il ne faut pas en conclure qu'ils ont voulu annuler des contrats antérieurs; cette intention doit résulter clairement de l'acte. Notre Code a suivi un système intermédiaire entre l'ancien droit romain, qui ne considérait que l'intention des parties, et la loi de Justinien, qui exigeait des termes formels.

La novation, avons-nous dit, est tout à la fois extinctive et productive d'obligations; ainsi, chacun des effets qu'elle produit sert de cause à l'autre, et comme ces effets sont produits cumulativement, si l'un des deux manque, il entraîne nécessairement la nullité de l'autre; de là il résulte qu'une dette nulle ne peut être novée par une dette valable, et une dette valable par une dette nulle, parce qu'elles se trouveraient sans cause. Si la première dette est valable et la seconde annulable, la novation n'a pas lieu si la seconde est annulée. Si l'ancienne dette est conditionnelle et la nouvelle pure et simple, ou *vice versa*, il n'y aura novation qu'autant que la condition à laquelle est subordonnée l'une des dettes se réalise; à moins toutefois que les parties n'aient voulu faire un contrat aléatoire.

Puisque la novation éteint la dette, les accessoires suivent le même sort; cependant les parties peuvent, par une clause expresse, les rattacher à la créance nouvelle, sauf les modifications qui suivent :

Lorsque la novation s'opère par la substitution d'un nouveau débiteur, les hypothèques qui pesaient sur les biens du débiteur libéré ne peuvent point passer sur les biens du nouveau débiteur. Toutes les hypothèques que celui-ci consentira ne dateront que du jour de l'inscription.

Si le créancier fait novation avec le débiteur principal, la caution sera libérée, à moins qu'elle ne consente à rattacher à la nouvelle créance la garantie résultant du cautionnement.

Par la novation faite entre le créancier et l'un des débiteurs solidaires, les codébiteurs sont libérés. Néanmoins, si le créancier a exigé l'accession des débiteurs solidaires, l'ancienne créance subsiste s'ils refusent d'accéder au nouvel arrangement.

Quant aux hypothèques qui garantissent une dette solidaire, il faut faire une distinction : le créancier peut stipuler du débiteur, qui prend toute la dette à sa charge, que les hypothèques qui pèsent sur ses biens garantiront la nouvelle dette; mais il ne peut pas réserver celles dont sont grevés les biens des autres débiteurs, à moins qu'ils n'y consentent.

DE LA DÉLÉGATION.

La délégation est une convention par laquelle le débiteur donne à son créancier un autre débiteur qui s'oblige à sa place. Elle est parfaite ou imparfaite.

Elle est imparfaite quand le créancier ne libère pas le débiteur. Le nouveau débiteur ne prend nullement la place du premier, il ne devient que son coobligé.

La délégation est parfaite quand elle opère novation, c'est-à-dire quand le premier débiteur est complétement libéré par le créancier. Elle exige le concours de trois personnes. Ordinairement, le délégué est débiteur lui-même du déléguant; il y a alors extinction de deux dettes : extinction de la dette du déléguant envers le délégataire, extinction de la dette du délégué envers le déléguant. Cette opération doit être exprimée, il faut que le créancier déclare expressément qu'il décharge son débiteur.

Disons enfin, pour terminer, que le déléguant n'est pas tenu de la solvabilité du délégué, à moins qu'il ne fût en pleine déconfiture au moment du contrat, et que le délégataire n'en eût aucune connaissance.

QUESTIONS.

I. Le tiers qui a payé malgré le débiteur a-t-il un recours contre lui? — Oui.

II. Les juges peuvent-ils accorder un délai lorsque le créancier est muni d'un titre exécutoire? — Non.

III. Quelle est la dette la plus ancienne, est-ce celle qui est née ou celle qui échoit la première? — Celle qui échoit la première.

IV. La libération du débiteur date-t-elle du jour des offres ou du jour de la consignation? — Du jour de la consignation.

V. Pour la consignation, faut-il assimiler les choses indéterminées aux sommes d'argent ou aux corps certains? — Aux corps certains.

VI. Ne peut-il pas arriver qu'un nouveau créancier soit substitué à l'ancien, et qu'il n'y ait pas de novation? — Oui.

VII. Une dette valable peut-elle être novée par une dette annulable et réciproquement? — Oui.

VIII. Lorsqu'un tiers nove la dette du débiteur, les parties peuvent-elles, sans le consentement du premier débiteur, rattacher à la nouvelle créance les hypothèques qu'il avait consenties sur ses biens pour garantir sa dette? — Non.

Vu par le Président,
ORTOLAN.

Vu par le Doyen,
C.-A. PELLAT.

www.ingramcontent.com/pod-product-compliance
Lightning Source LLC
Chambersburg PA
CBHW060613050426
42451CB00012B/2226